지구 구출 대작전

지구 구출 대작전

레슬리 개릿

DK | 삼성출판사

차례

환경 보호의 첫걸음

"야호! 샬럿 이모가 아이스크림을 사 오셨어!"
스펜서가 소리 질렀어요.
샬럿 이모는 오늘 하루 스펜서와 소피 남매를
돌보기로 했어요.
이모는 선생님이에요. 학교에서 아이들에게
환경에 대해 가르치지요.
환경은 우리가 살아가는 세상 전부를 말해요.
이모는 "우리는 누구나 환경 보호에 앞장설 수
있어."라는 말을 입에 달고 살아요.

아이,
맛있어!

이모가 남매에게 아이스크림을 건네주었어요.

스펜서가 아이스크림 포장지를 뜯어 길에 버렸어요.

옆에 있던 소피가 포장지를 주웠어요.

"쓰레기를 아무 데나 버리면 안 돼."

쓰레기는 쓰레기통에!

깨끗한 환경을 위해 쓰레기는
쓰레기통에 버려야 해요. 거리에
쓰레기통이 없다면 집으로 가져와야지요.
쓰레기통은 자주 비우고 뚜껑을 꼭 닫아 두어야
해요. 안 그러면 냄새가 나고 벌레가 꼬이거든요.

소피가 포장지를 길가 쓰레기통에 넣고 왔어요.

"소피 말이 맞아. 주변 환경을 깨끗하게 해야 우리도
건강하게 살 수 있단다."

이모가 밝게 미소 지으며 말했어요.

함부로 버리면 안 돼요

마침 쓰레기차가 쓰레기통 옆에 멈춰 섰어요.

환경미화원이 쓰레기차에 쓰레기통을 비워요.

쓰레기 매립장

매립장에서는 쓰레기를 꾹꾹
눌러 부피를 줄여요. 그런 다음 흙으로
덮어 벌레가 모여드는 것을 방지하고 건강에
해로운 먼지와 나쁜 냄새를 막지요.

"쓰레기를 어디로 가져가요?"

스펜서가 이모에게 물었어요.

"쓰레기 매립장으로 가."

이모가 스펜서의 눈치를 살폈어요.

"아, 매립장이 무슨 뜻인지 모르겠구나.

매립장은 쓰레기를 파묻는 장소를 말해.

그런데 쓰레기가 썩으려면 아주 오랜 시간이 걸려."

스펜서가 고개를 끄덕이자 이모는 설명을 이어
나갔어요.

"그러니까 쓰레기를 마구 버리면 지구가 몸살을
앓게 되지. 위험한 물질이 포함된 쓰레기는 더더욱
함부로 버려선 안 되고."

"위험한 물질이 포함된 쓰레기는 어떤 거예요?"
스펜서가 눈을 동그랗게 뜨고 물었어요.

"페인트가 남아 있는 페인트 통이나 다 쓴 건전지를 예로
들 수 있어. 이런 쓰레기에 포함된 위험한 물질이 땅과
물을 크게 오염시키거든."

다 쓴 건전지

"그럼 어떻게 버려요?"

소피가 끼어들자, 이모가 스펜서와 소피에게 눈높이를
맞추려 허리를 숙였어요.

"너희들, 쓰레기는 종량제 쓰레기봉투에 버려야
한다는 것 알지? 남아 있는 페인트도 완전히 굳은
다음에 쓰레기봉투에 버려야 하는데, 일반적인 종량제
쓰레기봉투가 아니라 타지 않는 쓰레기용 봉투에 따로
넣어야 해. 다 쓴 건전지는 폐건전지 수거함에 넣고."

환경 보호는 작은 실천부터

한 번 쓰고 버리는 건전지보다 다시 충전해
쓸 수 있는 충전식 건전지를 사용해요. 태엽을 감아
전기를 얻는 손전등도 환경 보호에 큰 도움이 될 거예요.

분리수거의 중요성

집에 돌아왔어요.

"쓰레기를 올바르게 버리는 게 중요해. 너희들도 엄마 아빠가 쓰레기를 종류별로 나누어 버리는 걸 보았을 거야. 엄마 아빠가 하는 것처럼 종이, 유리병, 깡통, 비닐봉지 그리고 플라스틱 제품은 따로 버려야 해."

"이런 쓰레기는 다시 사용하거나
새로운 제품을 만들 수 있어.
이게 바로 쓰레기 재활용이야.
땅에 파묻는 쓰레기를 줄이고
환경을 보호하는 좋은 방법이지."
이모가 아이스크림을 담아 왔던
비닐봉지를 공중에 흔들었어요.

**재활용 유리로
만든 꽃병**

재활용 깡통
알루미늄 깡통은 여러 번 재활용할
수 있어요. 녹여서 새 제품으로
만든 뒤에도 변함없이 튼튼하기
때문이에요.

"이모, 우리 분리수거해요."

소피의 눈이 반짝였어요.

이모가 미처 대답하기도 전에 소피가 상자 세 개를 찾아
가져왔어요.

상자에는 '종이', '플라스틱', '병, 깡통'이라는 글자가
큼지막하게 적혀 있었어요.

종이

플라스틱

병, 깡통

스펜서가 냉큼 달려가 엄마가 치워 두었던 택배 상자를
들고 왔어요. 그리고 '종이'라고 적힌 상자에 택배 상자를
던져 넣었어요.

분리수거함

재활용 쓰레기를 처리하는 방식은
마을마다 달라요. 일주일에 한 번씩
재활용 쓰레기를 분리수거하거나
대형 분리수거함을 설치해 필요할
때마다 넣기도 해요.

공기 오염 줄이는 방법

"전기 절약도 환경을 보호하는 좋은
방법이야."
이모가 남매의 머리를 쓰다듬으며 말했어요.
"발전소에서는 석탄이나 석유를 태워
전기를 만들어."
"석탄이나 석유를 태우면 연기가 나와
공기를 더럽힐 거예요. 더러워진
공기를 우리가 마셔야 하고요."
스펜서가 입을 가리며 기침을 하는
시늉을 했어요.
"더러운 공기를 마시고 사람들이
아프면 어떡해요."
소피가 울상을 지었어요.

"그러게 말이야. 그뿐 아니라 지구도 아프게 된단다.
석탄이나 석유를 태우면 공기 속에 이산화탄소가
많아져. 그러면 공기가 지구 밖으로 빠져나가야 할 열을
붙잡아 두어서 지구 온도가 올라가."
이모가 소피의 어깨를 끌어안았어요.
"지구의 공기 온도가 올라가는 '지구 온난화'가 일어나는
거야. 지구 온난화는 어떤 결과를 가져올까? 북극과
남극의 얼음과 눈이 녹아내려. 그러면 바다의 높이가
높아지고 홍수가 자주 일어나. 안타깝게도 많은 사람과
동물이 살 곳을 잃어버리게 되지."

녹아내리는 눈

킬리만자로산은 아프리카에서 가장
높은 산이에요. 그런데 지구 온난화
때문에 이 산의 꼭대기에 쌓인 눈도
녹아내리고 있어요.

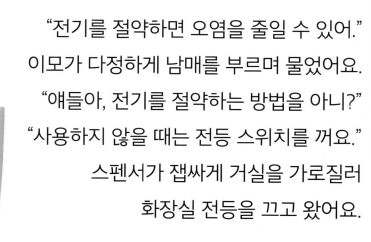

"전기를 절약하면 오염을 줄일 수 있어."
이모가 다정하게 남매를 부르며 물었어요.
"얘들아, 전기를 절약하는 방법을 아니?"
"사용하지 않을 때는 전등 스위치를 꺼요."
스펜서가 잽싸게 거실을 가로질러
화장실 전등을 끄고 왔어요.

"텔레비전을 보는 대신 책을 읽어요."

소피가 무심코 켜 두었던 텔레비전을 껐어요.

환경친화적인 생활

잠시 후, 셋은 공원으로 향했어요.

주말이라 도로는 수많은 차로 붐볐어요.

"웩, 이게 무슨 냄새야?"

스펜서가 한 손으로 코와 입을 막았어요.

"자동차에서 나오는 배기가스 때문에 그래.
배기가스도 공기를 오염시키지."
이모가 보도 안쪽으로 남매의 손을 잡아끌며 말했어요.
"자동차를 타지 않고 걸어 다니면 오염을 줄일 수 있지
않아요?"
소피가 묻자, 이모가 고개를 끄덕여 주었어요.

세 사람은 공원 산책로를 걷다 잔디밭에 돗자리를
펴고 앉았어요.
"공원에서 나무와 꽃을 구경하는 게 제일 좋아요."
소피가 식빵을 한 입 베어 물었어요.

"식물이 지구를 지켜 준다는 걸 아니?"
어리둥절한 표정의 아이들을 보며 이모가 손가락으로
키 큰 나무들을 가리켰어요.
"식물은 산소를 만들어. 공기를 맑게 해 준다는 얘기인데,
산소를 만들려면 이산화탄소를 빨아들여야 하지. 결국
지구 온난화를 줄이는 데 도움을 준다는 말씀!"

"이거 먹어 보렴.

이모부 농장에서 기른 거야."

이모가 딸기가 든 상자를 열었어요.

"이모부는 유기농법으로 딸기를 재배해. 무슨 말이냐면

화학 비료나 농약을 쓰지 않고 딸기를 기른다는 얘기야.

그렇게 하면 땅을 오염시키지 않고, 사람들의 건강에도

도움을 줄 수 있어."

비싼 유기농법 농산물

화학 비료를 주면서 농작물을 기르는 것보다 유기농법으로 농작물을 기르는 것이 훨씬 어려워요. 그런 탓에 유기농법으로 기른 농작물이 더 비싸지요.

"그래서 맛있나 보구나!"

스펜서가 입맛을 다셨어요.

"그럴지도 모르지."

이모가 환하게 웃었어요.

"이모부는 농장과 가까운 시장에 딸기를 팔아. 트럭에 딸기를 싣고 먼 도시로 다니면서 공기를 오염시키는 배기가스를 많이 만들고 싶지 않대."

집으로 돌아오는 길에 셋은 마트에 들렀어요.
저녁 식사를 위한 음식 재료를 사야 했거든요.
셋은 상품 정보를 꼼꼼히 살폈어요. 가능한 한 가까운
지역에서 생산된 재료를 골랐지요. 카트에 콩이며
호박이며 닭고기 같은 요리 재료와 디저트로 먹을
요구르트도 담았어요.

저녁노을이 지기 시작하는 거리를 걸으며 소피가 이모의
옷소매를 살짝 당겼어요.
"환경을 보호하는 방법을 많이 알게 됐어요, 이모.
지금부터는 우리가 공기 오염 줄이기에 앞장설 거예요."
"쓰레기 분리수거도 잊으면 안 되지."
이모가 윙크를 했어요.
스펜서가 길바닥에 떨어진 과자 포장지를 주웠어요.
"앞으로는 길거리에 쓰레기를 버리지 않을래요."
스펜서가 큰 소리로 외치자 이모와 소피가 크게
웃었어요.

용어 정리

매립장
쓰레기를 파묻는 장소

배기가스
자동차에서 연료를 태울 때 나오는 연기

분리수거함
재활용 쓰레기를 종류별로 구분하여 버릴 수 있도록 설치해 놓은 시설

산소
공기를 구성하는 기체의 하나로 숨을 쉬는 데 필요하다.

오염
만지거나 물질끼리 섞여 더럽게 되는 일

유기농법
화학 비료나 농약을 쓰지 않고 농작물을 기르는 농사 방법

재활용
다 쓴 물건을 고치거나 새로 만들어서 다시 쓰는 일

지구 온난화
지구 공기의 온도가 높아지는 일

환경
우리가 살아가는 세상 전부

환경미화원
거리를 청소하고 쓰레기를 처리하는 직업

퀴즈

이 책을 읽고 무엇을 알게 되었는지 물음에 답해 보세요.
(정답은 맨 아래에 있어요.)

1. "매립장에 묻은 쓰레기는 금방 썩는다." 진실 또는 거짓?

2. 위험한 물질이 포함된 쓰레기를 두 가지 말해 볼까요?

3. 지구 온난화의 원인은 무엇일까요?

4. 나무는 어떻게 지구 온난화를 줄이는 데 도움을 줄까요?

5. 생활 속에서 실천할 수 있는 전기 절약 방법은 무엇일까요?

1. 거짓 2. 페인트가 남아 있는 페인트 통과 다 쓴 건전지
3. 공기 속에 이산화탄소가 늘어나기 때문에 4. 이산화탄소를 빨아들여서
5. 사용하지 않을 때는 전등 스위치를 끈다. 텔레비전을 보는 대신 책을 읽는다.

DK 읽는재미!
SUPER Readers

아이들의 흥미와 발달을 모두 고려한
체계적인 읽기 프로그램 <DK 읽는 재미>.
스트레스 없는 책 읽기를 통해
아이들의 문해력이 자연스럽게 향상됩니다.

LEVEL 1
스스로 읽어요
취학 전~ 초등 1학년